Was Kinder gerne schenken

urania

Sabine Uhl-Fischer

Was Kinder gerne schenken

Für Jasmin

Inhalt

Liebe Eltern,
Kindern macht es großen Spaß, Gegenstände selbst herzustellen oder zu dekorieren, und so verschenken sie am liebsten auch selbst Gebasteltes. Hierfür sind immer wieder neue und originelle Ideen gefragt, gilt es doch jedes Jahr von neuem, Mama und Papa, Geschwister, Oma und Opa, Onkel, Tanten und nicht zuletzt Freunde zu beschenken.

Da Kinder im Allgemeinen nicht über ein üppiges finanzielles Budget verfügen und der Aufwand sich ihrem Alter entsprechend in Grenzen halten sollte, sind die Möglichkeiten für ein Geschenk von Kinderhand jedoch begrenzt. In diesem Buch sind zahlreiche lustige, den Mitteln und Fähigkeiten von Kindern angepasste Ideen für Geschenke zusammengestellt – dekorativ und gleichzeitig überaus praktisch, denn schließlich sollen die liebevoll gestalteten Objekte später nicht nutzlos in einer dunklen Ecke verstauben. Sie finden hier Bastelarbeiten in den verschiedensten Materialien und Techniken, vom einfachen Gestalten mit Papier über das Formen von Pappmaschee bis hin zum Arbeiten mit Stoff und Holz.

Basteln ist eine Freizeitbeschäftigung, die die Kreativität und Fantasie anregt. Die vorgestellten Objekte können je nach Wunsch abgewandelt werden, und viele der Anregungen können durch kleine Veränderungen unterschiedliche Verwendung finden. Eigenen Ideen sind also keine Grenzen gesetzt.
Da kommt mit Sicherheit gute Laune beim Basteln und viel Freude beim Schenken auf!

Ihre Sabine Uhl-Fischer

Liebe Kinder,
die Freude ist groß, wenn man ein Geschenk bekommt. Aber ihr wisst sicher auch, wie viel Spaß es macht, selbst jemanden, den man mag, zu beschenken!
Am Anfang steht das Planen und Überlegen, was dem anderen wohl Freude machen könnte.
Dann müssen die passenden Materialien gesammelt werden.
Eure Eltern wundern sich sicher, wofür ihr plötzlich so viele Streichholzschachteln braucht, was ihr mit all den alten Zeitungen vorhabt oder warum ihr im Wald originell geformte Hölzer und Steine sucht. Nun könnt ihr sehr geheimnisvoll tun, denn ein Geschenk soll natürlich immer eine wunderbare Überraschung sein.

Viele der Vorschläge in diesem Buch könnt ihr ohne Hilfe nacharbeiten. Erscheint euch eine Bastelarbeit zu schwer, um sie allein durchzuführen, dann sucht euch einen Verbündeten, der euch helfen kann. Oder ihr bastelt von vornherein mit Geschwistern und Freunden an einem gemeinsamen Geschenk. Da könnt ihr in der Runde die besten Ideen austauschen.
Probiert auch ruhig ein bisschen herum. Eure Bastelarbeit muss nämlich nicht genauso aussehen wie in diesem Buch. Am schönsten ist, was euch gefällt, denn erst dann macht Schenken richtig Freude!

Ich wünsche euch viel Spaß beim Basteln!

Eure Sabine Uhl-Fischer

Alter der Kinder
Die Arbeiten in diesem Buch sind für Kinder im Kindergarten- und Grundschulalter geeignet. Eine genaue Altersangabe ist bei den einzelnen Bastelvorschlägen zu finden. Diese soll jedoch lediglich als Empfehlung gelten, denn die Geschicklichkeit von Kindern derselben Altersgruppe kann sehr unterschiedlich sein. Bei der Altersangabe wird außerdem die Verwendung von bestimmten Werkzeugen und Materialien berücksichtigt; so kann z. B. eine Tätigkeit zwar relativ einfach durchzuführen sein, doch da bei der Ausführung ein Messer oder eine spitze Nadel benötigt wird, ist die Arbeit für kleinere Kinder ungeeignet.

Etwaige Schwierigkeiten können natürlich umgangen werden, wenn Kinder unterschiedlichen Alters gemeinsam basteln. Dann können die größeren Bastler den kleineren helfen.

Aufwand
Grundsätzlich sollten Bastelarbeiten für Kinder nicht zu aufwändig gestaltet sein, sonst verlieren sie Lust und Geduld. Die Devise heißt also: wenig Aufwand, große Wirkung.
Natürlich sind die zahlreichen vorgestellten Arbeiten mit unterschiedlich hohem Einsatz zu bewerkstelligen. Kriterien zur Beurteilung des Aufwandes sind die Zeit sowie die Anzahl der Arbeitsschritte und der benötigten Materialien. Die Zeitangaben sind lediglich Durchschnittswerte, die Ruhe- und Trocknungszeiten sind dabei nicht berücksichtigt.

Materialien
Wenn Kinder basteln, sollte das spontan möglich sein, denn Kreativität lässt sich nicht per Knopfdruck an- oder abstellen. Da ist es hilfreich, wenn vorher nicht erst umständlich geplant und teure Materialien besorgt werden müssen.
Bei den Bastelvorschlägen in diesem Buch werden meist Materialien verarbeitet, die im Haushalt vorhanden sind, z. B. Draht, Paketschnur, Stoffreste, oder solche, die draußen in der Natur gesammelt werden können, wie Hölzer, Steine und Muscheln. Muss wirklich etwas besorgt werden, so ist dies zu erschwinglichen Preisen in

jedem gut sortierten Hobbyfachgeschäft möglich.
Die Materialien sind so ausgewählt, dass sie von Kindern leicht zu handhaben sind und umweltbewussten Gesichtspunkten gerecht werden. So können z. B. manche Objekte komplett aus recycelten Materialien gefertigt werden.

Werkzeug

Verschiedene Arbeitstechniken machen die Verwendung unterschiedlicher Gerätschaften erforderlich. Kinder sollten nicht nur den sorgsamen Umgang damit, sondern auch die entsprechende Pflege dieser Gegenstände erlernen. Denn diese können bei nicht sachgemäßer Handhabung Verletzungsgefahren bergen und sind zudem in der Anschaffung häufig nicht billig.
Scheren und Zangen sollten leichtgängig und nicht etwa rostig oder mit Kleberesten verschmiert sein.
Pinsel müssen nach der Benutzung gut ausgewaschen werden. Während der Arbeit werden sie immer wieder in ein Glas mit Wasser getaucht. Sie sollten aber niemals darin stehen gelassen werden, da sich sonst die Pinselhaare verbiegen.

Schneiden

Jüngere Bastler sollten für Schneidarbeiten eine Bastelschere mit abgerundeten Klingen verwenden. So ist die Verletzungsgefahr am geringsten. Bei etwas schwierigeren Arbeiten kommen Cutter oder Messer zum Einsatz, für filigrane Muster kann eine spitze Nagelschere hilfreich sein. Diese Werkzeuge sollten selbstverständlich nur von älteren Kindern benutzt werden.

Kleben

Im Grunde reicht für die meisten Klebearbeiten ein handelsüblicher lösungsmittelfreier Alleskleber aus. Bei Arbeiten mit Holz ist Holzleim anzuraten, damit ein dauerhaftes Klebeergebnis gewährleistet ist.
Sollen Objekte mit unebener Oberfläche, wie z. B. Nüsse oder Muscheln, geklebt werden, ist Heißkleber zu empfehlen. In gut sortierten Hobbyfachgeschäften sind Klebepistolen speziell für Kinder erhältlich, die kleiner sind und nicht so hohe

Temperaturen entwickeln wie herkömmliche Geräte. Der Kauf kann sich durchaus lohnen, denn der Kleber trocknet sofort. Es entstehen also keine Wartezeiten, und die Geduld der Kinder wird somit nicht strapaziert. Außerdem ist sehr punktgenaues Arbeiten möglich.

Vorlagen übertragen

Die Vorlagen werden mithilfe von Transparent- und Kohlepapier sowie eines weichen Bleistifts auf das jeweilige Trägerobjekt übertragen. Dafür zunächst das Transparentpapier auf die Vorlage legen und die Konturen nachzeichnen. Dann das Kohlepapier mit der schwarzen Seite nach unten auf das Objekt und das Transparentpapier darauf legen. Nochmals die Konturen nachziehen.

Wird mit Stoff oder Filz gearbeitet, sollte die Vorlage zuerst auf Fotokarton übertragen und das Motiv aus dem Karton ausgeschnitten werden. Danach wird die entstandene Schablone auf den Stoff gelegt und mit einem Stift oder mit Schneiderkreide umfahren.

Dieses Verfahren ist insofern praktischer, als die Schablone auch bei anderen Bastelarbeiten verwendet werden kann.

Mit Pinsel und Farbe malen

Bei der Wahl der Farben sollte darauf geachtet werden, dass sie wasserlöslich und – wenn nötig – lebensmittelverträglich sind. Matte Farben sind meist schonender als Glanzfarben und deshalb vorzuziehen.

Die Farben können je nach Wunsch mit Wasser verdünnt werden. Allerdings ist dabei darauf zu achten, dass sie nicht verlaufen oder den Untergrund durchweichen. Man kann natürlich auch Farben mischen und so ganz neue Farbkreationen schaffen. Als Palette kann ein alter Teller dienen.

Vor dem Wechseln der Farbe muss der Pinsel ausgewaschen werden. Für größere Flächen eignet sich am besten ein breiter Borstenpinsel, für kleine Tupfer und feine Linien ein dünner Haarpinsel.

Draht biegen

Für einige Objekte wird Draht in Form gebogen. Da es einfacher

ist, Draht freihand anstatt nach Vorlage zu formen, gibt es hierzu keine genauen Vorlagen, sondern lediglich – wo nötig – Skizzen, die auch die Biegerichtung anzeigen.
Wer möchte, kann leere Dosen oder Rundhölzer, z. B. einen Besenstiel, als Biegehilfe verwenden.

Pappmaschee ansetzen

Es gibt verschiedene Möglichkeiten, Pappmaschee anzusetzen. Die einfachste und schnellste Methode ist, fertiges Pappmaschee im Beutel zu kaufen. Dieses wird gemäß den Herstellerangaben mit Wasser angesetzt und dann gründlich durchgeknetet.
Bei der klassischen Variante reißt man altes Zeitungspapier in kleine Stücke und setzt es mit Tapetenkleister an, wobei es ebenfalls gut durchgeknetet wird. Für runde Objekte können die Papierstücke mit Kleister in einzelnen Schichten auf einen passenden Träger, etwa einen Luftballon, aufgebracht werden.
Bei allen Methoden ist eine gewisse Durchtrocknungszeit zu beachten, die je nach Dicke der Pappmascheeschicht durchaus einige Tage betragen kann. Das Pappmaschee sollte an einem luftigen Ort und keinesfalls auf der Heizung trocknen, da sonst Risse entstehen können. Nach dem Trocknen können die Ränder mit einer Schere und Schleifpapier begradigt und die Oberflächen glatt geschliffen werden.

Arbeitsplatz

Nicht zuletzt gehört zu jedem Bastelspaß ein anständiger Arbeitsplatz. Denn wenn zwischen den Bastelutensilien noch diverse Spielsachen herumliegen, verliert man schnell den Überblick. Und wenn die Tischplatte anschließend unwiederbringlich ruiniert ist, gibt es womöglich Ärger.
Also heißt es Platz schaffen, eine feste Arbeitsunterlage organisieren, noch schnell einen alten Kittel überziehen, und endlich kann es los gehen ...

Achtung!
Kinder sollten niemals unbeaufsichtigt bleiben, wenn sie mit brennenden Kerzen hantieren.

Buchstaben

■ Material

Draht
Lineal
Kneifzange
Rundzange
Jutekordel naturfarben
Heißkleber

Diese Buchstaben sind schnell gebastelt und können vielseitig verwendet werden. Ihr könnt sie als Geschenkanhänger oder als Verzierung für allerlei Schachteln, wie Fotoboxen oder Schmuckkästchen, verwenden. Dafür benötigt ihr lediglich das Monogramm, also die Anfangsbuchstaben vom Namen desjenigen, den ihr beschenken wollt. Wenn ihr den ganzen Vornamen bastelt und die Buchstaben auf eine farbige Pappe klebt, habt ihr ein Türschild.

Für einen Buchstaben schneidet ihr mit der Kneifzange ca. 20 cm Draht ab. Für ein „B“ oder ein „M“ wird natürlich mehr Draht benötigt als für ein „C“. Die meisten Buchstaben könnt ihr gut aus einem Drahtstück formen, bei manchen kann es jedoch einfacher sein, mit zwei Drähten zu arbeiten, z. B. bei einem „A“, einem „F“ oder einem „K“.
Zuerst biegt ihr mit dem Drahtstück die Grundform. Wird ein zweiter Draht verwendet, wickelt ihr dessen Ende an die entsprechende Stelle der Grundform und biegt das Stück dann zurecht. Die frei stehenden Drahtenden werden mit der Rundzange umgebogen.
Anschließend wird der fertig gebogene Buchstabe ganz dicht mit Jutekordel umschlungen. Die Enden werden einfach mit Heißkleber fixiert. Wenn euch die naturfarbene Jutekordel zu eintönig ist, könnt ihr die Buchstaben auch mit Acrylfarben anmalen.

Tipp:
Damit die Buchstaben etwa gleich groß ausfallen, könnt ihr euch eine rechteckige Schablone (ca. 6 × 7 cm) aus Pappe zuschneiden. Wenn der Buchstabe darauf passt, hat er die richtige Größe.

■ Aufwand
wenig

■ Arbeitszeit
pro Buchstabe ca. 15 Minuten

■ Alter
8–10 Jahre

Fensterbild fürs Kinderzimmer

Material

Fotokarton blau, gelb, rot-weiß gestreift
Lineal
Bastelschere
Transparentpapier
Bleistift
Kohlepapier
Filzstift blau
Zirkel
Alleskleber
Nähnadel
Nähgarn

Ein fröhliches Fensterbild ist immer ein Blickfang, und dieses ist ausgesprochen einfach zu arbeiten.
Zunächst schneidet ihr aus dem gestreiften Fotokarton ein Rechteck mit den Maßen 21 × 16 cm und aus dem blauen Fotokarton ein Dreieck mit den Maßen 21 × 15 × 15 cm aus. Beim Ausmessen der Formen solltet ihr euch von einem Erwachsenen helfen lassen, ebenso beim nun folgenden Übertragen der Vogelvorlage

auf den gelben Fotokarton (siehe Seite 10). Dann das Vogelmotiv ausschneiden und mit blauem Filzstift ein Auge aufmalen.
Anschließend wird in die Mitte des Rechtecks mit dem Zirkel ein Kreis mit einem Durchmesser von 11 cm eingezeichnet und ausgeschnitten.
Klebt das Dreieck mit der langen Seite an eine Schmalseite des Rechtecks, sodass die Form eines Hauses entsteht. Die folgenden Arbeitsschritte sollte ebenfalls ein älterer Helfer übernehmen: Am oberen Rand des Vogelkopfes wird mit der Nadel eingestochen und ein Stück Garn durchgezogen. Das Garnstück wird so am oberen Kreisrand befestigt, dass das Vögelchen sich etwa in der Mitte der runden Öffnung befindet. Durch die Dachspitze ebenfalls einen Faden ziehen. Dieser dient als Aufhängung für das Fensterbild.

Aufwand
wenig

Arbeitszeit
ca. 30 Minuten

Alter
3–5 Jahre

Briefkartenset mit Bullaugen

Material

Fotokarton dunkelblau, hellblau, türkis, orange, hellgrün, weiß, gelb
Lineal
Bleistift
Bastelschere
Falzbein
Transparentpapier
Kohlepapier
Cutter
schneidfeste Unterlage
Alleskleber
Musterbeutelklammern
durchsichtige Geschenkfolie
Streuglitter

Über eine selbst gefertigte Briefkarte freut sich jeder. Wenn sie dann auch noch zu jedem Anlass passt, kann man sogar schon mal eine auf Vorrat basteln. Begonnen wird mit dem Klappkarten-Rohling. Dafür zeichnet ihr auf dem türkisfarbenen oder hellblauen Fotokarton ein Rechteck mit den Maßen 32 × 16 cm ein und schneidet es aus. Dann markiert ihr die langen Seiten jeweils genau in der Mitte mit einem Punkt. Die beiden Punkte verbindet ihr mit einer Linie, die ihr mit dem Falzbein zieht. Nehmt dabei das Lineal zu Hilfe. Nun könnt ihr das Rechteck zu einer quadratischen Karte klappen.

Anschließend werden die Vorlagen für das Bullauge, den Goldfisch mit Wellen oder den Frosch mit Boden auf Fotokarton übertragen (siehe Seite 10) und ausgeschnitten. Die Markierungen für die Musterbeutelklammern am Bullauge ritzt ihr mit dem Cutter ein. Dabei könnt ihr euch von einem Erwachsenen helfen lassen.

Danach legt ihr das Bullauge mittig auf die Vorderseite der aufgeklappten Karte und bringt durch die eingeschlitzten Stellen mit dem Cutter auf dem darunter liegenden Karton ebenfalls Schlitze an. Wichtig ist, dass die Schlitze jeweils genau übereinander liegen. Mit dem Bleistift werden leicht die Umrandungen des Bullauges markiert. So habt ihr einen Anhalt, wo ihr die Motive auf die Karte kleben müsst, damit sie dann innerhalb des Bullauges sichtbar sind.

Nach dem Aufkleben der Motive wird das Bullauge mit den Musterbeutelklammern auf der Klappkarte fixiert. Wenn ihr euch jedoch eine etwas kniffligere Arbeit zutraut, könnt ihr das Bullauge vorher zusätzlich mit einer „Fensterscheibe" versehen. Dazu schneidet ihr aus der Geschenkfolie zwei gleich große Kreise aus, die dem äußeren Umfang des Bullauges entsprechen. Die Folienkreise bündig aufeinander legen, etwas Glitter zwischen die Lagen streuen und die Folien entlang dem Rand zusammenkleben. Wenn der Klebstoff getrocknet ist, schneidet ihr die Folie wie oben beschrieben an den entsprechenden Stellen für die Musterbeutelklammern ein und montiert sie mit dem Bullauge auf die Klappkarte.

Aufwand
viel

Arbeitszeit
ca. 1 Stunde

Alter
6–8 Jahre

Achtung!
Die quadratischen Karten haben kein Standardformat, d. h., wenn ihr sie mit der Post verschicken wollt, müsst ihr euch passende Briefumschläge basteln und diese dann entsprechend frankieren.

Geschenkanhänger

Material

Walnüsse
Nussknacker
Filzstifte
Transparentpapier
Bleistift
Kohlepapier
Fotokarton
Bastelschere
Filz maigrün
Paketschnur
Alleskleber
Acrylfarbe rot, weiß, lila
Borstenpinsel
Haarpinsel

Ein Geschenk möchte natürlich schön verpackt sein. Dass ausgefallene Verpackungen nicht teuer sein müssen, beweisen diese originellen Geschenkanhänger aus Walnüssen. Zunächst müsst ihr einige Walnussschalen sammeln. Es ist nicht ganz einfach, Walnüsse so zu knacken, dass ihre Schale unversehrt bleibt. Am besten sucht ihr euch einen erwachsenen Helfer. Damit ihr anschließend noch wisst, welche Schalenhälften zusammengehören, also exakt aufeinander passen, kennzeichnet ihr sie mit Filzstiften an der Innenseite.

Bei den folgenden Arbeitsschritten solltet ihr euch ebenfalls helfen lassen: Die Blattvorlagen auf Fotokarton übertragen (siehe Seite 10) und die Formen ausschneiden. Danach werden die Motive mithilfe der Schablonen auf den Filz übertragen und ausgeschnitten. Für jede „Erdbeere" (siehe Seite 7) benötigt ihr ein Erdbeerblatt aus Filz, bei der „Weintraube" reicht ein Weinblatt für mehrere Früchte. Schneidet für jede Walnuss ein ca. 20 cm langes Stück Schnur ab und knotet es zu einer Schlaufe. Nun bestreicht ihr die Innenränder der Walnusshälften mit Alleskleber und legt, bevor ihr jeweils zwei fest aufeinander drückt, die Schlaufe mit dem Knotenende dazwischen. Bei jeder Erdbeere wird außerdem ein Blatt dazwischen platziert. Nach dem Trocknen des Klebers könnt ihr mit dem Anmalen beginnen. Die Erdbeeren werden mit dem Borstenpinsel rot grundiert. Wenn die Farbe getrocknet ist, setzt ihr mit dem Haarpinsel weiße Tupfer darauf. Passt auf, dass ihr nicht zu viel Farbe auf dem Pinsel habt, sonst tropft die Farbe.

Die Weintrauben werden lila angemalt und nach dem Trocknen der Farbe mit einem weiteren Schnurstück zu einem Bündel zusammengeknotet. Dabei bindet ihr das Weinblatt einfach in den Knoten ein.

Aufwand

wenig

Arbeitszeit

ca. 30 Minuten

Alter

3–5 Jahre

Tipp:
Haben die Geschenkanhänger ihren Zweck erfüllt, können sie noch anderweitig Verwendung finden. Die „Weintraube" ist z. B. eine schöne Dekoration an einem Kerzenleuchter, und die „Erdbeere" ist auch als Kommodenschlüssel-Anhänger ein hübscher Blickfang.

Bilderrahmen mit Muscheln

■ Material

Holzbrettreste
Nägel
Hammer
Muscheln
Heißkleber
kleines Holzstück oder 2 Ösen
Doppelklebeband oder
Reißzwecken

Als Rahmenuntergrund dient euch ein Holzbrettrest. Reicht ein einzelnes Brettstück nicht aus, können auch mehrere gleich lange Stücke verbunden werden. Legt die Holzstücke dazu mit der Vorderseite nach unten dicht aneinander auf die Arbeitsunterlage. Dann legt ihr passend große Hölzer quer auf die Rückseite und nagelt sie fest. Achtet darauf, dass die Nägel nicht zu lang sind, sonst tritt die Nagelspitze auf der Vorderseite des Holzes aus.
Nun werden die Muscheln entlang dem Rand auf der Rahmenvorderseite arrangiert und mit Heißkleber fixiert. Anstelle von Muscheln könnt ihr auch andere Fundstücke, wie Federn oder Steine, verwenden. Zur Befestigung der Federn werden am besten kleine Löcher mit dem Nagelbohrer gebohrt, in die die Federn dann gesteckt werden.
Wenn der Bilderrahmen aufgestellt werden soll, nagelt ihr einfach ein Hölzchen bündig zum unteren Rand auf die Rückseite, so erhält er Standfestigkeit. Soll er an der Wand aufgehängt werden, bringt ihr auf der Rückseite am oberen Rand zwei Ösen an.
Zum Schluss sucht ihr ein geeignetes Foto aus und befestigt es mit Doppelklebeband oder Reißzwecken in der Mitte des Rahmens.

■ Aufwand
mittel
■ Arbeitszeit
ca. 1 Stunde
■ Alter
8–10 Jahre

Schlüsselanhänger

■ Material

Weinkorken
Nagelbohrer
Zahnstocher
Alleskleber
Holzkugel mit Halblochbohrung (∅ 2 cm)
Transparentpapier
Bleistift
Kohlepapier
Fotokarton
Bastelschere
Filz gelb, blau, orange, maigrün
Schrauböse
Spaltring mit Kette
Zackenschere
Nähnadel
Nähgarn
Filzstifte rot, blau

Witzige Schlüsselanhänger verschönern jedes Schlüsselbund. Allerdings werden sie bei häufiger Benutzung auch ziemlich strapaziert. Möglichst lange Freude hat man dann an ihnen, wenn man sie als Anhänger für einen einzelnen Schlüssel, z. B. einen Zimmer- oder Kommodenschlüssel, verwendet.
Seht euch den Weinkorken zunächst genau an. Meist hat er vom Korkenzieher in der Mitte einer runden Seite ein Loch, ansonsten bohrt ihr dort mit einem Nagelbohrer ein Loch hinein. Danach brecht ihr den Zahnstocher in drei gleich lange Stücke und fasst sie zu einem Bündel zusammen. Dieses wird an einem Ende mit einem Tupfer Klebstoff versehen und in das Loch des Korkens gesteckt.
In die Halblochbohrung der Holzkugel füllt ihr ebenfalls etwas Klebstoff. Dann wird die Kugel auf die hervorstehenden Zahnstocherstücke gesteckt. Jetzt habt ihr schon die Grundform der Figur.
In den Kugelkopf wird oben in der Mitte mit dem Nagelbohrer ein kleines Loch gebohrt. Hierbei könnt ihr euch von einem Erwachsenen helfen lassen.
Anschließend werden die Blütenvorlagen auf Fotokarton übertragen (siehe Seite 10) und die Formen ausgeschnitten. Mithilfe dieser Schablonen werden die Motive auf den Filz übertragen. Die Blüten ausschneiden und an der Markierung kreuzweise einschneiden.

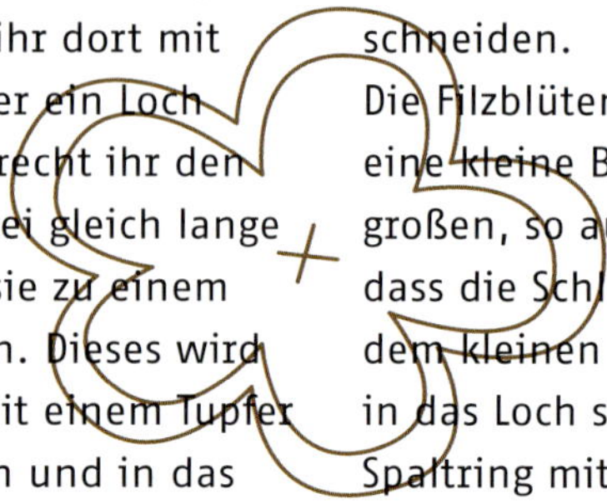

Die Filzblüten klebt ihr, jeweils eine kleine Blüte auf einer großen, so auf den Kugelkopf, dass die Schlitze genau über dem kleinen Loch sitzen. Die Öse in das Loch schrauben und den Spaltring mit der Kette daran befestigen.
Nun erhält die Figur noch eine Halskrause. Dafür schneidet ihr mit der Zackenschere ein Filzrechteck mit den Maßen 10 × 3 cm zu. Mit der Nadel zieht ihr dann einen Faden an einer Längsseite im Heftstich durch. So könnt ihr den Filz in Falten raffen und um den Hals der Figur legen. Die Fadenenden verknotet ihr direkt unterhalb der Kugel. Zum Schluss malt ihr mit Filzstift das Gesicht auf.

■ Aufwand

mittel

■ Arbeitszeit

ca. 1 Stunde

■ Alter

6–8 Jahre

Tipp:
Ihr könnt die Figur auch an ein langes Lederband hängen. So habt ihr einen schönen Kettenanhänger.

IN
BOTTIGLIA
NELLE
TRENTO

Bestickter Kissenbezug

■ **Material**

Jutestoff blau
Kissen oder Füllwatte
Maßband
Schneiderkreide
Stoffschere
Nähgarn blau
Nähnadel
Wollreste türkis, maigrün, hellgrau
Sticknadel
Transparentpapier
Bleistift
Kohlepapier
Fotokarton
Bastelschere
Filz orange, hellblau, lila, flieder, maigrün

Zuerst schneidet ihr den Stoff zweifach zurecht. Wird ein fertiges Kissen als Füllung benutzt, wird der Stoff in der entsprechenden Größe und Form zugeschnitten. Soll der Bezug mit Füllwatte ausgestopft werden, könnt ihr die Größe selbst wählen. Ein gutes Maß ist 30 × 30 cm, dazu kommen jeweils ca. 2 cm Nahtzugabe. Legt die zwei Stoffstücke aufeinander und näht sie entlang dem Rand so zusammen, dass an einer Stelle noch eine ausreichend große Öffnung zum Füllen bleibt.

Dann wird der Bezug gewendet. Ein Erwachsener sollte euch helfen, den Stoff mit dem Bügeleisen zu dämpfen, sodass er ganz glatt liegt.

Jetzt schneidet ihr Wollfäden zum Besticken zurecht. Das benötigte Längenmaß für die Fäden erhaltet ihr, wenn ihr zur Länge einer Kissenseite 15 cm addiert. Die Fäden werden mit der Sticknadel im Heftstich parallel zu einer Seitenkante nacheinander durch die Kissenvorderseite gezogen, wobei die Farbe immer wieder gewechselt wird. Sind die Wollfäden sehr dünn, können auch zwei Fäden auf einmal durchgezogen werden. Die Fadenenden werden jeweils an den Rändern verknotet.

Das Kissen wird so bestickt, dass zwei freie Streifen verbleiben. Übertragt nun die Blütenvorlagen zuerst auf Fotokarton (siehe Seite 10) und schneidet die Formen aus. Danach werden die Motive mithilfe der Schablonen auf den Filz übertragen. Schneidet die Formen aus und näht sie, jeweils eine kleine Blüte auf einer großen, innerhalb der verbliebenen Streifen mit zwei Stichen auf den Kissenbezug. Die Fadenenden werden dann in der Mitte der Blüte verknotet. Zum Schluss füllt ihr den Bezug und näht die verbliebene Öffnung mit kleinen Schlingenstichen zu.

■ **Aufwand**
mittel

■ **Arbeitszeit**
ca. 3 Stunden

■ **Alter**
8–10 Jahre

Bunte Kräutertöpfe

Material

Blechdosen
Dosenöffner
Metallfeile
Doppelklebeband
Bastelschere
Paketschnur
Alleskleber
Acrylfarbe rot, orange, pink, lila, hellblau, dunkelblau, türkis, hellgrün, dunkelgrün, gelb
Haarpinsel/Borstenpinsel

Gesunde Kräuter werden am besten auf der Fensterbank platziert. Besonders hübsch sind sie dort in diesen bunten Kräuterübertöpfen aufgehoben. Bei den Vorbereitungen zum Basteln solltet ihr euch von einem Erwachsenen helfen lassen, denn zuerst werden die Dosen mit einem Dosenöffner geöffnet. Der Doseninhalt kann in einen Plastikbehälter umgefüllt werden. Dann müssen die Deckel der Dosen komplett entfernt und eventuell vorhandene scharfe Kanten mit einer Metallfeile abgeschliffen werden. Anschließend die Papiermanschetten ablösen und die Dosen gründlich reinigen.
Nun könnt ihr mit dem Basteln beginnen. Zunächst werden die Dosen an der Außenwand mit Doppelklebeband beklebt. Darüber wickelt ihr dann die Paketschnur. Hierbei ist es wichtig, dass ihr die Schnurenden besonders gut andrückt, am besten fixiert ihr sie zusätzlich mit einem Tupfer Alleskleber. Außerdem sollten die Schnurbahnen bündig zum Rand und dicht nebeneinander liegen, sodass vom Klebeband nichts mehr zu sehen ist.
Schließlich könnt ihr mit dem Bemalen beginnen. Am einfachsten ist es, wenn ihr breite Querstreifen aufmalt. Mischt die Farben, wie es euch gefällt, und tragt sie ruhig satt auf, denn die Paketschnur ist sehr saugfähig.

- **Aufwand:** wenig
- **Arbeitszeit:** ca. 1 Stunde
- **Alter:** 6–8 Jahre

Duftsäckchen

■ Material

Transparentpapier
Bleistift
Kohlepapier
Fotokarton
Bastelschere
Stoffreste gemustert
Schneiderkreide
Lineal
Stoffschere
Stecknadeln
Nähnadel
Nähgarn in passender Farbe
getrocknete Lavendelblüten
Kordel in passender Farbe
Knöpfe (Huhn: 2× ∅ ca. 1,5 cm; Schwein: 2× ∅ ca. 1,5 cm, 2× ∅ ca. 1 cm)

Lavendelduft hält unliebsame Besucher, wie Motten, vom Kleiderschrank fern. Deshalb sind mit Lavendel gefüllte Duftsäckchen immer ein praktisches Geschenk.

Übertragt zunächst die Vorlagen (Vorlage Schwein auf Seite 63) auf Fotokarton (siehe Seite 10) und schneidet sie aus. Danach werden die Formen mithilfe der Schablonen jeweils zweimal auf den Stoff übertragen. Schneidet die Formen mit ca. 1,5 cm Nahtzugabe aus.

Beim Huhn werden zuerst der Kamm und der Schnabel, beim Schwein die Ohren und die Nase gefertigt. Dazu legt ihr die formgleichen Stoffteile jeweils rechts auf rechts exakt aufeinander, fixiert sie mit Stecknadeln und näht sie entlang dem Rand zusammen. Lasst dabei zwischen den markierten Stellen jeweils eine Lücke zum Wenden und Füllen offen.

Nun werden die zusammengenähten Teile mit den Lavendelblüten gefüllt. Achtet darauf, dass sie nicht zu prall werden, sonst bekommt ihr Schwierigkeiten, wenn ihr die Ohren oder den Kamm später in die Kopfform einfügen wollt. Danach werden die verbliebenen Öffnungen mit kleinen Nadelstichen geschlossen.

Die Kopfform wird wie die vorherigen Teile zusammengenäht. Auch hier lasst ihr zwischen den Markierungen am oberen Rand eine Öffnung stehen. Dann die Form ebenfalls mit Lavendelblüten füllen und in die verbliebene Lücke den Kamm bzw. die Ohren einnähen. Bevor ihr die Öffnung ganz schließt, legt ihr ein Kordelstück zu einer Schlaufe und näht es als Aufhängung oben in der Mitte in die Kopfform ein.

Jetzt werden bei beiden Säckchen an den Markierungen die größeren Knöpfe als Augen, beim Schwein die kleineren als Nasenlöcher angebracht. Zum Schluss fixiert ihr mit einigen Nadelstichen den Schnabel und die Nase.

Tipp:
Ihr könnt die Duftsäckchen auch aus Filz von rechts nähen. Dann entfällt das Wenden, sodass die Arbeit etwas vereinfacht wird.

■ Aufwand
viel

■ Arbeitszeit
pro Säckchen ca. 2 Stunden

■ Alter
8–10 Jahre

Mini Whoop!

Drahtherz

■ **Material**

Fotokarton oder Pappe
Bastelschere
Kaninchendraht rot
Kneifzange
Arbeitshandschuhe
Wickeldraht rot
Trockenmoos
Flachzange
breites Dekoband rot

Über ein solches Mooherz wird sich Mama sicher besonders freuen. An der Haustür angebracht kann es ein liebevoller Willkommensgruß sein.
Stellt zunächst aus Fotokarton oder Pappe eine Schablone für ein großes Herz her. Legt diese auf den Kaninchendraht und schneidet die Form entlang dem Schablonenrand mit der Kneifzange zu. Ihr benötigt zwei Teile.
Legt die beiden Herzen passgenau aufeinander und verbindet sie an den Kanten, indem ihr diese mit Wickeldraht umschlingt. Damit ihr Euch an dem Draht nicht verletzt, zieht ihr vorher, wenn vorhanden, am besten Arbeitshandschuhe an.
Bevor das Herz vollkommen geschlossen wird, muss das Moos eingefüllt werden. Verteilt es möglichst gleichmäßig. Das geht einfacher, wenn ihr die Herzform dabei ein wenig ausbeult.

Schließlich biegt ihr alle abstehenden Drahtkanten und -enden mit der Flachzange um und bindet eine große Schleife oben an das Herz. Als Aufhängung wird ein Stück Wickeldraht am oberen Herzrand befestigt.

■ **Aufwand**
mittel
■ **Arbeitszeit**
ca. 1 Stunde
■ **Alter**
8–10 Jahre

Tipp:
Anstelle einer Aufhängung kann auch ein Holzstab von unten in das Herz gesteckt werden. So erhaltet ihr einen Blumenstecker für einen Blumentopf.

Draht-Pappmaschee-Anhänger

■ **Material**

Pappmaschee zum Anrühren
Draht (∅ ca. 1,5 mm)
Kneifzange
Flachzange
dünner Wickeldraht
feste Plastikfolie
Spatel
Schleifpapier
Acrylfarbe orange, grün, pink, hellbraun, blau, dunkelbraun, ocker, weiß
Borstenpinsel
Haarpinsel
große Nähnadel
Bindfaden oder schmales Dekoband

Zuerst rührt ihr das Pappmaschee gemäß der Packungsanleitung mit Wasser an. Meist benötigt es zum Andicken etwas Ruhezeit.
Währenddessen fertigt ihr die gewählte Drahtfigur, dabei könnt ihr euch nach den Skizzen richten. Mit der Kneifzange werden dafür passende Stücke vom dickeren Draht abgeschnitten. Dann biegt ihr die Drähte in die gewünschte Form (Vorlagen auf Seite 62/63). Beginnt dabei jeweils in der Mitte der Drahtstücke. Bei engen Kurven nehmt ihr am besten die Flachzange zu Hilfe. Die Enden der Grundformen (Hasen- und Bienenkörper, Möhre) werden knapp übereinander gelegt und fest mit einem Stück Wickeldraht umschlungen. Hasenkopf und -ohren, Bienenflügel sowie Möhrengrün werden mit den Drahtenden an der jeweiligen Grundform befestigt.
Danach knetet ihr die Pappmascheemasse gut durch, damit sich keine Klümpchen bilden.
Legt die Drahtfigur auf die geglättete Plastikfolie und tragt die Pappmascheemasse in einer 3 bis 4 mm dicken Schicht innerhalb der Form auf. Achtet darauf, dass die Masse an den Rändern bündig mit dem Draht abschließt, damit keine unerwünschten Löcher entstehen.
Schließlich streicht ihr die Masse mit dem Spatel glatt und lasst sie an einem luftigen Ort gut trocknen.
Nach der Trockenzeit können unebene Stellen mit einem Stück Schleifpapier bearbeitet werden.
Nun wird die Figur angemalt. Die Farbe darf nicht zu nass sein, da sonst das Pappmaschee wieder aufweicht. Zum Schluss wird mit einer Nähnadel ein Loch oben in die Figur gestochen und ein Bindfaden oder ein Dekoband als Aufhängung durchgezogen.

■ **Aufwand**
mittel

■ **Arbeitszeit**
pro Anhänger ca. 1 Stunde

■ **Alter**
8–10 Jahre

Eierschalenvasen

Material

Eierkarton
Acrylfarbe lila, weiß, pink, maigrün
Borstenpinsel
Eierschalenhälften
Blumen

Diese Eierschalenvasen sind eine hübsche Osterdekoration, die kaum etwas kostet und sogar für die Kleinsten einfach zu bewerkstelligen ist.
Zunächst wird ein Eierkarton farbig grundiert. Nach dem Trocknen der Farbe malt ihr auf die Innenseite des Kartondeckels eine Blume. Natürlich könnt ihr auch ein anderes Motiv wählen. Dann wird das Motiv kontrastvoll umrahmt.
Nun benötigt ihr intakte Eierschalenhälften. Beim Aufschlagen der Eier lasst ihr euch am besten von einem Erwachsenen helfen. Eidotter und Eiweiß können in eine Schüssel gefüllt und später zu Rühreiern oder in Pfannkuchenteig verarbeitet werden.
Spült die Eierschalenhälften aus und platziert sie in den Ausbuchtungen des Eierkartons. Jetzt könnt ihr sie mit Wasser füllen und kleine Blumen hineinstellen.

Aufwand
sehr wenig
Arbeitszeit
ca. 30 Minuten
Alter
3–5 Jahre

Tipp:
In die Eierschalen können anstelle von Blumen auch Teelichter gestellt werden.

Perlenanhänger

■ Material

Draht (∅ ca. 1 mm)
Kneifzange
Rundzange
Rocailleperlen braun, hellblau, pink, orange, hellgrün
dünner Wickeldraht
Bindfaden oder Nylonfaden

Schneidet zuerst mit der Kneifzange die Drahtstücke in der entsprechenden Länge zu. Die Skizzen (siehe auch Seite 62) können euch dabei eine Hilfe sein, ihr könnt aber auch eine andere Form für eure Figuren wählen.
Nun werden die Perlen aufgezogen. Damit sie am anderen Drahtende nicht gleich wieder hinunterpurzeln, solltet ihr ein Ende vorher immer mit der Rundzange umbiegen.
Dann biegt ihr die geschmückten Drähte in die gewählte Form. Beginnt dabei jeweils in der Mitte der Drahtstücke. Die Enden des Möhrengrüns werden mit den Enden der Möhrengrundform verdreht. Für die Querverstrebungen bei der Möhre sowie für die Brille und die Schleife des Osterhasen werden die Perlen auf dünnen Wickeldraht aufgefädelt. Dieser wird dann an der entsprechenden Stelle an der Grundform fixiert. Dazu wickelt ihr die Enden einfach zwischen den Perlen um den dickeren Draht. Am Schluss wird als Aufhängung jeweils ein Stück Bind- oder Nylonfaden an den Figuren befestigt.

■ Aufwand
viel

■ Arbeitszeit
pro Anhänger ca. 1 Stunde

■ Alter
8–10 Jahre

Weihnachtskugel mit Elchmotiv

Material

Transparentpapier
Bleistift
Kohlepapier
Fotokarton blau
Bastelschere
Alleskleber
gläserne Weihnachtskugeln matt rot
Fun Liner weiß, gelb, blau

Gleich ob diese Elchkugeln einzeln oder in Gruppen aufgehängt werden, sie sind in jedem Fall ein origineller Blickfang, der Weihnachtsstimmung verbreitet. Allerdings sind die feinen Glaskugeln leicht zerbrechlich, deshalb solltet ihr sehr vorsichtig mit ihnen umgehen.
Übertragt zunächst die Vorlage für das Geweih zweimal auf den blauen Fotokarton (siehe Seite 10). Dann schneidet ihr die zwei Formen aus. Beide Teile werden bündig aufeinander gelegt und zusammengeklebt. Die markierte Fläche in der Mitte wird dabei ausgespart. Ist der Klebstoff getrocknet, stülpt ihr das Geweih mit der mittigen Öffnung über die Aufhängevorrichtung der Kugel.
Zum Schluss wird mit Fun Liner das Gesicht auf die Kugel gemalt.

Aufwand

wenig

Arbeitszeit

ca. 30 Minuten

Alter

6–8 Jahre

Tipp:
Jüngere Bastler können natürlich auch Plastikkugeln verwenden.

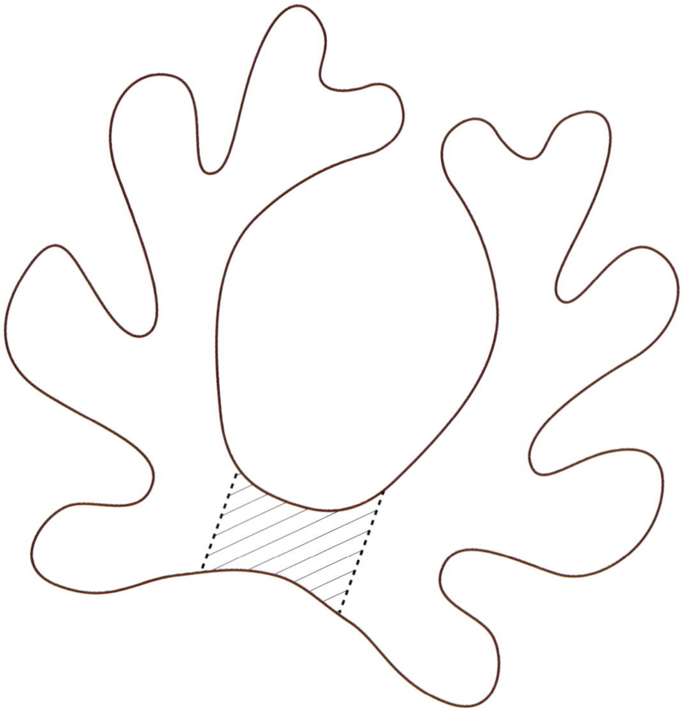

Juteübertopf mit Ilexanhänger

■ Material

Jutestoff naturfarben
Maßband
Schneiderkreide
Stoffschere
Nähnadel
Nähgarn naturfarben
Plastiktüte
Sand
Tapetenkleister
Borstenpinsel
Transparentpapier
Bleistift
Kohlepapier
Fotokarton
Bastelschere
Filz maigrün
Stecknadeln
Sticknadel
Stickgarn dunkelgrün
Füllwatte
Nähgarn pink
Pailletten pink
Rocailleperlen pink
Dekoband

So ein Jutesack ist vielseitig einsetzbar. Hier ist er als Pflanzenübertopf im Einsatz. Er eignet sich aber auch – mit Sand gefüllt und mit Teelichtern bestückt – als winterliches Lichtobjekt. Oder ihr verwendet ihn zum Aufbewahren von Walnüssen und Tannenzapfen.
Der Sack wirkt besonders schön, wenn der obere Rand breit umgekrempelt wird. Dazu schneidet ihr den Stoff zuerst zweifach in der gewünschten Größe zu und berücksichtigt dabei am oberen Rand ca. ein Drittel der Gesamtlänge als Stoffzugabe zum Umkrempeln und rundum eine Nahtzugabe von ca. 2 cm.
Dann näht ihr den Sack am unteren Rand komplett, die linke und rechte Seite jedoch nur bis zu zwei Dritteln ihrer Länge zu.
Nun den Sack auf rechts wenden und die Seitennähte vollständig schließen. Wird der obere Rand des Sackes umgekrempelt, werden diese Nähte automatisch verdeckt.
Zur Standfestigkeit legt ihr in den Sack eine Plastiktüte, füllt diese mit Sand und knautscht den Sack in eine standfeste Form. Der Jutestoff sollte ruhig ein bisschen Falten werfen.
Danach setzt ihr den Kleister nach Packungsanleitung an und streicht den Sack damit an der Außenseite großzügig ein.
Während der Trocknungszeit kann der Ilexanhänger gefertigt werden. Übertragt hierzu die Vorlage auf Fotokarton (siehe Seite 10) und schneidet die Form aus. Danach wird das Motiv mithilfe der Schablone zweimal auf den Filz übertragen und ausgeschnitten. Legt die beiden Teile bündig aufeinander und näht sie entlang dem Rand mit Stickgarn zusammen. Damit die Teile nicht verrutschen, werden sie vorher am besten mit Stecknadeln fixiert. Bevor die Naht vollkommen geschlossen wird, stopft ihr das Innere mit etwas Füllwatte aus.
Jetzt fädelt ihr mit der Nähnadel jeweils eine Paillette und eine Rocailleperle auf mehrere pinkfarbene Nähgarnstücke und heftet diese Verzierungen auf das Blatt.
Anschließend einen Blumentopf im mittlerweile getrockneten Juteübertopf platzieren. Zum Schluss wird ein Stück Dekoband um den Übertopf geschlungen und das Ilexblatt mit in die Schleife eingebunden.

■ Aufwand

mittel

■ Arbeitszeit

Jutesack und Anhänger je ca. 1 Stunde

■ Alter

8–10 Jahre

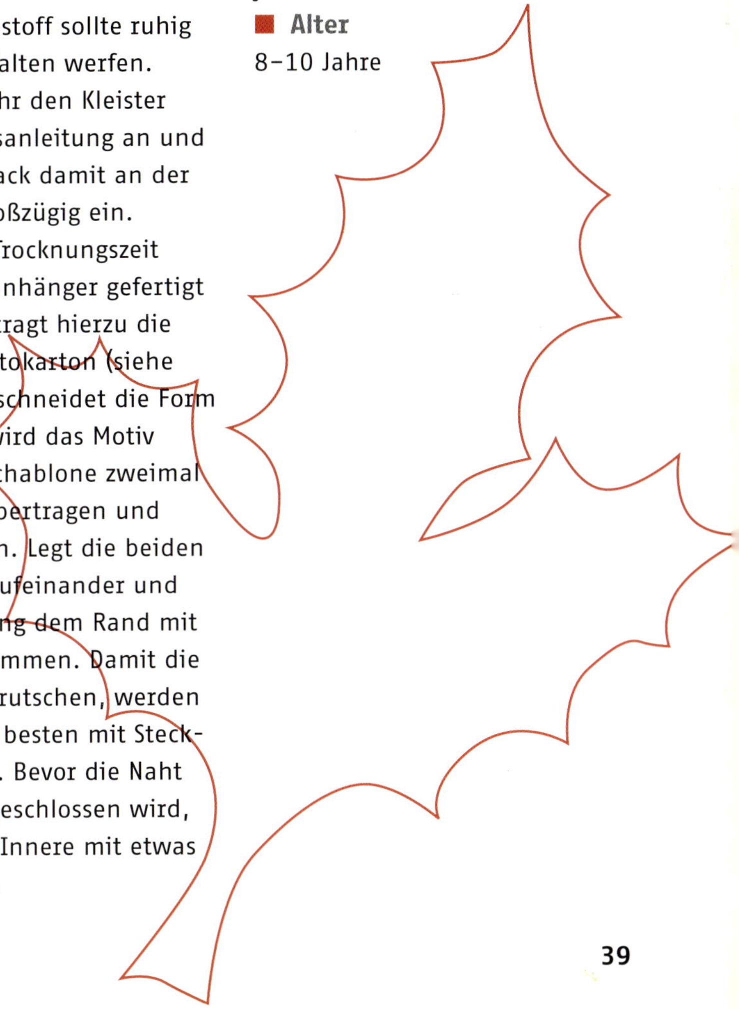

Schachtel fürs Badezimmer

■ Material

Gummiente
Spanschachtel
Acrylfarbe blau
Borstenpinsel/Haarpinsel
Alleskleber

So eine kleine Spanschachtel mit einer Figur als Applikation ist ein originelles Geschenk, das außerdem superschnell gebastelt werden kann.
Bei diesem Modell wurde eine „Quietschente“ aus Gummi auf die Schachtel gesetzt, doch es können auch andere Figuren verwendet werden. Kramt einmal in euren Spielzeugkisten! Bestimmt findet ihr dort Dinge, von denen ihr euch nicht trennen wollt, mit denen aber auch nicht mehr so richtig etwas anzufangen ist – z. B. Figuren, die ursprünglich mit Badegel gefüllt waren, oder kleine Plastikschiffe.
Die Spanschachtel wird gleichmäßig deckend mit Farbe angemalt. Lasst die Farbe gut trocknen, dann erst klebt ihr eure Figur auf den Deckel. Anschließend kann die Schachtel noch gefüllt werden. Dafür eignen sich viele Dinge – zu einer Ente passen kleine Behälter mit Badegel oder Seife, ihr könnt aber auch kleine Packungen Süßigkeiten hineinlegen.

■ Aufwand

sehr wenig

■ Arbeitszeit

ca. 20 Minuten

■ Alter

3–5 Jahre

Pappmascheeschalen

■ **Material**
Pappmaschee zum Anrühren
Luftballons
Schüssel
Kreppband
Jutekordel (pro Schale ca. 20 cm)
Alleskleber
Acrylfarbe hellrosa, dunkelrosa, helltürkis, dunkeltürkis
Borstenpinsel

Bei den ersten Arbeitsschritten solltet ihr euch von einem Erwachsenen helfen lassen: Das Pappmaschee wird gemäß der Packungsanleitung mit Wasser angesetzt. Meist benötigt es zum Andicken etwas Ruhezeit. Anschließend wird die Masse gut durchgeknetet, damit sich keine Klümpchen bilden.

Pustet einen Luftballon auf und verknotet ihn. Die Form des Luftballons ist entscheidend für die Form und die Größe des Schälchens. Der aufgeblasene Ballon wird mit dem Knoten nach unten in eine passend große Schüssel gestellt, damit er bei der Arbeit nicht wegrollt.
Nun verteilt ihr die Pappmascheemasse in mehreren Schichten gleichmäßig über die oben liegende Rundung des Luftballons. Achtet darauf, dass die Ränder möglichst gleichmäßig auslaufen. Als Markierung kann dafür Kreppband in der gewünschten Höhe rund um den Ballon geklebt werden.
Ist die Pappmascheemasse gut durchgetrocknet, bringt ihr den Ballon zum Platzen. Damit das Schälchen sicher steht und nicht kippelt, wird Jutekordel zugeschnitten und in der Form eines Kreises auf die Unterfläche des Schälchens geklebt. Nach dem Trocknen des Klebers malt ihr das Pappmaschee an und lasst die Farbe gut trocknen.
Zum Schluss können die Gefäße mit Süßigkeiten gefüllt werden.

■ **Aufwand**
mittel
■ **Arbeitszeit**
ca. 1 Stunde
■ **Alter**
3–5 Jahre

Achtung!
Ihr solltet die Schälchen nicht für feuchte Speisen verwenden.

Etagere

Material

3 Pappteller naturfarben
2 Pappbecher naturfarben
Cutter
2 Musterbeutelklammern
Alleskleber
Acrylfarbe flieder
Borstenpinsel

Auf dieser Etagere lassen sich sehr gut kleine Kuchen oder Pralinen präsentieren. Da möchte man gleich zugreifen. Zunächst ritzt ihr in zwei der drei Pappteller genau mittig kreuzweise eine Öffnung ein, ebenso in die beiden Becherböden. Dann verbindet ihr jeweils einen Pappteller und einen Becher mit einer Musterbeutelklammer.
Die oberen Becherränder bestreicht ihr reichlich mit Klebstoff. Nun werden die mit Musterbeutelklammern verbundenen Teile so aufeinander geklebt, dass sich der erste Teller ganz unten befindet. Am obersten Becher wird dann der dritte Teller angebracht. Es ist wichtig, dass ihr alle Teile passgenau aufeinander fixiert, sonst kippt die Etagere leicht um.
Zum Schluss bemalt ihr die Etagere gleichmäßig deckend mit Acrylfarbe.

- **Aufwand:** wenig
- **Arbeitszeit:** ca. 30 Minuten
- **Alter:** 6–8 Jahre

Tischsets

■ Material

Fotokarton hellblau, dunkelblau, hellgrün, weiß, gelb
Lineal
Bastelschere
Transparentpapier
Bleistift
Kohlepapier
Locher
Alleskleber
selbstklebende Klarsichtfolie

Selbst gemachte Tischsets sind immer ein schöner Blickfang auf einer gedeckten Tafel und ersetzen zudem – mit Folie abwaschbar gemacht – die Tischdecke.
Zunächst werden die Tischsets in den Maßen 29 × 20 cm aus dem hellblauen Fotokarton zugeschnitten. Anschließend übertragt ihr die Blumenmotive (siehe auch Seite 63) auf Fotokarton (siehe Seite 10) und schneidet sie aus. Die Blüten der Traubenhyazinthe werden einfach mit einem Locher ausgestanzt.
Dann arrangiert ihr die Motive auf den Unterlagen und klebt sie fest. Nach dem Trocknen des Klebers werden die Sets auf der Vorder- und Rückseite mit selbstklebender Klarsichtfolie versehen. Dazu werden pro Set in passender Größe zwei Rechtecke aus der Folie zugeschnitten. Beim Aufkleben muss sehr exakt gearbeitet werden, damit keine Wellen und Blasen entstehen. Vielleicht lasst ihr euch von einem Erwachsenen helfen.
Alternativ könnt ihr die Sets in einem Copyshop zuerst farbkopieren und diese Kopien dann laminieren lassen.

■ **Aufwand:** mittel
■ **Arbeitszeit:** pro Tischset ca. 45 Minuten
■ **Alter:** 6–8 Jahre

Tipp:
Wird mit einfacheren Blütenformen, wie z. B. Tulpen, gearbeitet, eignet sich diese Arbeit auch für jüngere Bastler.

Serviettenringe

■ **Material**
Weinkorken
Küchenmesser
schneidfeste Unterlage
Sticknadel
Lederband hellblau
Bastelschere
Holzperlen in verschiedenen Farben und Formen

Diese bunten Serviettenringe schmücken jede Tafel, und sie sind ruck, zuck fertig zu stellen! Beim Umgang mit dem Messer müsst ihr Acht geben, dass ihr euch nicht verletzt. Die Korken müssen nämlich zuerst in ca. 1 cm dicke Scheiben geschnitten werden. Anschließend wird jede einzelne Scheibe mit der Sticknadel mittig durchstochen. Das nun folgende Auffädeln auf das Lederband ist ganz einfach. Wählt immer eine Perle und eine Korkscheibe im Wechsel. Je bunter die Perlen und abwechslungsreicher die Formen, desto schöner wird der Serviettenring. Die Länge des jeweiligen Lederbandstückes sollte reichlich bemessen sein, denn nach dem Auffädeln werden die Enden zu einer großen Schleife gebunden.

■ **Aufwand**
wenig
■ **Arbeitszeit**
pro Serviettenring ca. 30 Minuten
■ **Alter**
6–8 Jahre

Tipp:
Nach dem gleichen Prinzip könnt ihr auch wunderschöne Ketten und Armbänder basteln.

Zettelhalter

Material

Holzklötzchen
3 Holzkugeln mit durchgehender Bohrung
Acrylfarbe blau, rot, weiß
Borstenpinsel
Haarpinsel
Schaschlikspieß
Nagelbohrer
Blumensteckdraht
Rundholz
Alleskleber

Mit Zettelhaltern können wichtige Notizen sicher aufbewahrt oder schöne Postkarten und Fotos ins Blickfeld gerückt werden.
Zunächst bemalt ihr mit dem Borstenpinsel das Klötzchen und die Kugeln in der gewünschten Grundfarbe. Dann steckt ihr die Kugeln auf einen Schaschlikspieß – das erleichtert die Arbeit des Anmalens – und bringt mit dem Haarpinsel die Muster auf.
Sobald die Farbe getrocknet ist, bohrt ihr mit dem Nagelbohrer mittig ein Loch in das Holzklötzchen. Ein Ende des Blumensteckdrahtes wird zweifach um ein Rundholz gebogen, sodass eine Spirale entsteht. Auf das andere Ende werden die Kugeln aufgesteckt. Nun das untere Drahtende mit einem Tupfer Alleskleber versehen und in das vorgebohrte Loch im Holzklötzchen stecken – fertig ist das hübsche Geschenk.

Aufwand
mittel

Arbeitszeit
ca. 1 Stunde

Alter
6–8 Jahre

Pinnwand mit lustigen Pins

■ **Material**

Transparentpapier
Bleistift
Kohlepapier
Fotokarton
Bastelschere
Pappreste
Filz weiß, rot, grün, orange, pink
feste Pappe
Lineal
Weinkorken
Küchenmesser
schneidfeste Unterlage
Alleskleber
Filzstifte blau, rot, grün, lila
Stecknadeln

Eine Pinnwand ist immer ein praktisches Utensil. Wenn sie dann noch mit lustigen Pins versehen wird, ist sie auch ein schöner Blickfang.
Dieses Modell eignet sich besonders gut zum gemeinschaftlichen Basteln von jüngeren und älteren Kindern. Die Älteren können zunächst den Jüngeren dabei helfen, die Umrisse der Vorlagen für die Pins (Seite 62) auf Fotokarton zu übertragen (siehe Seite 10) und die Formen auszuschneiden. Dann werden die Motive mithilfe der Schablonen jeweils auf die Pappreste und den Filz übertragen.
Anschließend schneiden die Großen die Pappe mit der Schere in den gewünschten Maßen zu; ein gutes Maß ist 40 × 30 cm. Die Korken mit dem Messer in ca. 1 cm dicke Scheiben schneiden und diese gleichmäßig verteilt auf die Pappe kleben.
Währenddessen können die Kleinen die Motive aus den Pappresten und dem Filz ausschneiden und anschließend mit Filzstiften die Tiergesichter auf die Filzstücke malen. Bei der Montage der Pins helfen wieder die Großen. Hierfür wird durch die Pappestücke mittig jeweils eine Stecknadel gesteckt, obenauf wird das Filzgesicht geklebt. Beim Huhn wird zunächst der Kamm hinter das Gesicht geklebt. Am Schluss wird hinter die Pappe zur Stabilisation eine kleine Korkscheibe gesteckt.

■ **Aufwand:** viel
■ **Arbeitszeit:** ca. 2 Stunden
■ **Alter:** 3–10 Jahre, je nach Arbeitsschritt

University of Maryland
Cynthia F. Moss

Bleistift mit Köpfchen

Material

Holzbleistift
Holzkugel mit Halblochbohrung
(∅ ca. 3,5 cm)
Alleskleber
Wollreste braun
Bastelschere
Transparentpapier
Bleistift
Kohlepapier
Fotokarton
Filz blau, lila, maigrün
Filzreste in verschiedenen Farben
Locher
Nähnadel
Nähgarn
Zackenschere
Filz- oder Buntstifte in
verschiedenen Farben

Wer gerade schreiben lernt, freut sich bestimmt über so einen flotten Zauberer-Bleistift. Und wer weiß, vielleicht gelingt das Schreiben dann ja sogar wie von Zauberhand?

Beim Besorgen der Bastelmaterialien solltet ihr darauf achten, dass das Loch in der Holzkugel auf das Bleistiftende passt.

Steckt die Kugel auf den Bleistift. Wenn sie etwas locker sitzt, macht das nichts. Ein Tupfer Klebstoff sorgt für zusätzlichen Halt. Dann werden die Haare aus Wollresten zugeschnitten und oben auf dem Kugelkopf festgeklebt.

Nun übertragt ihr die Vorlage für den Spitzhut auf Fotokarton (siehe Seite 10) und schneidet sie aus. Danach wird sie mithilfe der Schablone auf den Filz übertragen. Schneidet die Grundform aus, formt sie zu einer Tüte und klebt sie an der markierten Stelle zusammen.

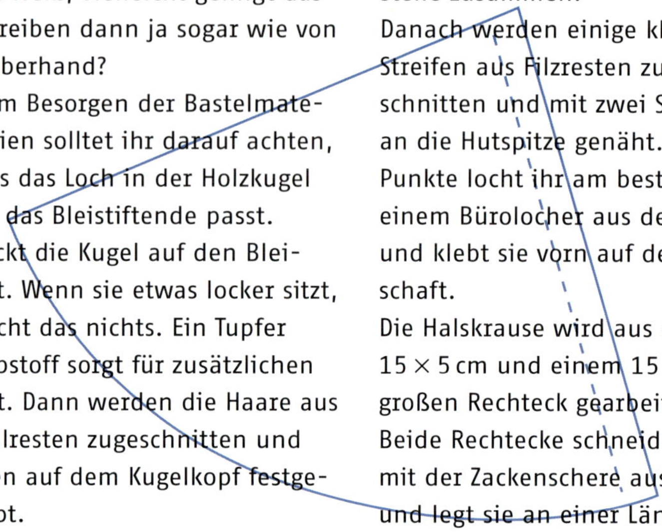

Danach werden einige kleine Streifen aus Filzresten zugeschnitten und mit zwei Stichen an die Hutspitze genäht. Die Punkte locht ihr am besten mit einem Bürolocher aus dem Filz und klebt sie vorn auf den Hutschaft.

Die Halskrause wird aus einem 15 × 5 cm und einem 15 × 4 cm großen Rechteck gearbeitet. Beide Rechtecke schneidet ihr mit der Zackenschere aus Filz zu und legt sie an einer Längsseite bündig aufeinander. Mit Nadel und Faden wird entlang diesem Rand im Heftstich genäht. Die beiden Filzlagen werden in Falten gerafft und unterhalb der Holzkugel um den Bleistift gelegt. Die Fadenenden verknoten. Zum Schluss malt ihr mit Farbstiften ein fröhliches Gesicht auf die Kugel.

Aufwand
wenig

Arbeitszeit
ca. 45 Minuten

Alter
6–8 Jahre

Utensilienkommode

■ Material

8 leere Streichholzschachteln
Acrylfarbe rot
Haarpinsel/Borstenpinsel
Cutter
schneidfeste Unterlage
8 Musterbeutelklammern
Alleskleber
Lineal
Bleistift
Fotokarton bunt gestreift
Bastelschere
Falzbein

So kommt Ordnung auf den Schreibtisch, denn Büroklammern, Pins, Spitzer und Radiergummis bekommen ihren festen Platz in dieser winzigen Streichholzschachtel-Kommode.
Zieht zunächst alle Innenteile aus den Streichholzschachteln. Malt sie rundum mit roter Farbe an und lasst sie gut trocknen. Dann werden sie jeweils an einer der beiden Schmalseiten kreuzweise mit dem Cutter eingeschnitten. In den Schlitzen werden die Musterbeutelklammern als Schubladenknöpfe befestigt. Anschließend steckt ihr die „Schubladen" wieder in die Streichholzschachteln zurück. Nun klebt ihr die Streichholzschachteln aneinander. Die Anordnung ist im Grunde beliebig, ihr könnt sie über- und nebeneinander kleben. Wichtig ist nur, dass die Reihen dieselbe Höhe aufweisen.
Wenn der Klebstoff getrocknet ist, messt ihr die Seiten der Kommode aus und übertragt die genauen Maße auf den gemusterten Fotokarton. Den Karton zuschneiden und in einem Stück um die Kommode kleben. Das Falten an den Kommodenkanten geht leichter, wenn ihr vorher an den entsprechenden Stellen mit dem Falzbein Linien zieht.

■ Aufwand
wenig

■ Arbeitszeit
ca. 1 Stunde

■ Alter
8–10 Jahre

Buchstützen mit Blumen

Material

Sperrholzplatte
(2 cm dick, 14 × 10 cm)
Sperrholzplatte
(2 cm dick, 13 × 10 cm)
Schleifpapier
Acrylfarbe türkis
Borstenpinsel
Holzleim
Nagelbohrer
Transparentpapier
Bleistift
Kohlepapier
Fotokarton
Bastelschere
Filz gelb, orange, pink, grün
Stickgarn orange
Sticknadel
Füllwatte
2 Blumensteckdrähte
Alleskleber
8 Gumminoppen

Leseratten freuen sich bestimmt über diese farbenfrohen Bücherstützen im Regal.
Zuerst glättet ihr die Holzkanten mit Schleifpapier. Anschließend wird das Holz gleichmäßig deckend mit Acrylfarbe gestrichen. Ist die Farbe getrocknet, leimt ihr jeweils ein kurzes und ein langes Holzstück rechtwinklig aneinander. Am besten klappt das, wenn ihr beide Klebekanten mit Leim einstreicht, einige Minuten wartet und dann die Klebeflächen ganz fest aufeinander drückt. Nun in die Mitte der Standflächen (lange Stücke) mit dem Nagelbohrer jeweils ein Loch bohren.
Übertragt die Vorlagen auf Fotokarton (siehe Seite 10) und schneidet die Formen aus.
Danach übertragt ihr die Blütenmotive mithilfe der Schablonen jeweils zweimal, die Kreise je einmal auf den Filz und schneidet die Motive aus. Jeweils zwei zusammengehörige Blüten bündig aufeinander legen und entlang dem Rand mit einfachen Heftstichen mit Stickgarn zusammennähen. Bevor die Naht vollkommen geschlossen wird, füllt ihr die Blumen mit etwas Füllwatte, damit sie eine schöne abgerundete Form erhalten.
Die Kreise jeweils auf die Blütenmitte kleben.
Jede Blüte wird nun auf ein Drahtende gesteckt. Dafür wird das Drahtende mit etwas Alleskleber bestrichen und zwischen den Nadelstichen in das Blüteninnere geführt. Das andere Drahtende verseht ihr ebenfalls mit einem Tupfer Kleber und steckt es in das vorgebohrte Loch in der Buchstütze. Damit die Buchstützen rutschfest sind, werden zum Schluss jeweils 4 Gumminoppen unter die Standfläche geklebt.

Aufwand
mittel
Arbeitszeit
ca. 1 1/2 Stunden
Alter
6–8 Jahre

Hängewindlichter

Material

leere Marmeladengläser
verzinkter Wickeldraht
Kneifzange
Flachzange
Rundzange
Glasmalfarbe türkis, rot, gelb, weiß, maigrün
Haarpinsel
Teelichter oder kleine Stumpenkerzen

Glaswindlichter setzen – in Bäume und Sträucher oder auf dem Balkon ans Geländer gehängt – sehr schöne Akzente. Bevor ihr mit der Arbeit beginnt, müsst ihr die Etiketten entfernen und die Gläser gründlich reinigen, denn damit die Farbe gut hält, muss der Untergrund sauber und fettfrei sein.

Für die Aufhängevorrichtung schneidet ihr mit der Kneifzange pro Glas zwei Drahtstücke in passender Länge zu. Einen Draht wickelt ihr fest um den unteren Rand des Glasgewindes. Die Enden werden mit der Flachzange möglichst eng miteinander verdreht und dann an das Glas gedrückt.

Das andere Drahtstück biegt ihr an den Enden mit der Rundzange zu kleinen Ösen. An diesen wird es am Draht, den ihr um das Gewinde geschlungen habt, eingehakt.

Nun werden mit dem Pinsel die Blumenmotive auf die Glasoberfläche aufgetupft. Tragt die Farbe nicht zu satt auf, sonst verläuft sie womöglich. Zum Schluss wird in jedes Glas ein Teelicht oder eine kleine Stumpenkerze gestellt.

Aufwand
wenig

Arbeitszeit
ca. 30 Minuten

Alter
8–10 Jahre

Blumige Lichterkette

Material

Lichterkette
dünnes Naturpapier weiß
Lineal
Bleistift
Bastelschere
Krepppapier
hellgrün
Wickeldraht
durchsichtiges
Klebeband

Eine Lichterkette verbreitet ein sanftes, stimmungsvolles Licht. Bastelt ihr daraus eine Blumenranke, entsteht außerdem eine hübsche Dekoration, die vielseitig einsetzbar ist.
Schneidet aus dem Naturpapier für jede Blüte einen Streifen mit den Maßen 20 × 9 cm zu. Von der Krepppapierrolle schneidet ihr 2 cm breite Streifen ab; der Verbrauch des Krepppapiers richtet sich nach der Länge der Lichterkette.
Nun faltet ihr die Naturpapierstreifen entlang der längs verlaufenden Mittellinie wie in der Skizze (Seite 63) angegeben. Dann wird jede Glühbirnenhalterung mehrfach mit einem Streifen umwickelt. Legt das Papier dabei in kleine Falten, damit die Blüte schön bauschig wird. Der untere Rand der Blüte wird mit Wickeldraht fixiert.
Sind alle Blüten ausgearbeitet, umschlingt ihr die Kabel zwischen den Glühbirnchen mit den Krepppapierstreifen. Auch die Drahtbefestigung an den unteren Blütenrändern wird ein- bis zweimal umwickelt. Das gibt dem Krepppapier zusätzlichen Halt, und es sieht hübscher aus, wenn der Draht verdeckt wird. Die Krepppapierenden fixiert ihr einfach mit Klebeband.

Aufwand
mittel

Arbeitszeit
ca. 1 Stunde

Alter
8–10 Jahre

Achtung!
Es sollten ausschließlich sicherheitsgeprüfte Lichterketten verwendet werden!

Tipp:
Die Blumenlichterkette sollte nicht zu lang werden, da die Arbeit sonst sehr zeitaufwändig ist. Eine lange Lichterkette kann doppelt gelegt werden, sodass jeweils zwei Glühbirnchen von einer Blüte umschlossen werden.

Tütenwindlichter

Material

Wiesenblumen und Gräser
Lösch- oder Zeitungspapier
Butterbrottüten
Alleskleber
Teelichter
Trinkgläser

Diese Windlichter aus natürlichen Materialien schaffen eine angenehme Stimmung und passen gut auf den Garten- oder Balkontisch.

Haltet auf Spaziergängen im Wald oder auf Wiesen und Feldern die Augen offen, denn dort findet ihr das nötige Material. Die schönsten Blumen und Gräser werden dann zu Hause gepresst.

Vielleicht habt ihr eine richtige Blumenpresse. Ihr könnt eure Pflanzen jedoch genauso gut zwischen Lösch- oder Zeitungspapier legen und mit einem Stapel Bücher beschweren. Achtet aber darauf, dass die Blumen nicht faulen; eventuell müsst ihr den Vorgang nach einigen Tagen mit neuem Papier noch einmal wiederholen, bis sie vollkommen getrocknet sind.

Klebt die getrockneten Blumen und Gräser mit Alleskleber auf Butterbrottüten und lasst den Klebstoff trocknen. Dann stellt ihr jeweils ein Teelicht in ein Trinkglas. Diese Glaslichter werden in den verzierten Butterbrottüten platziert – und schon sind eure hübschen Tütenwindlichter fertig!

Aufwand

wenig

Arbeitszeit

ca. 30 Minuten

Alter

Alter: 6–8 Jahre

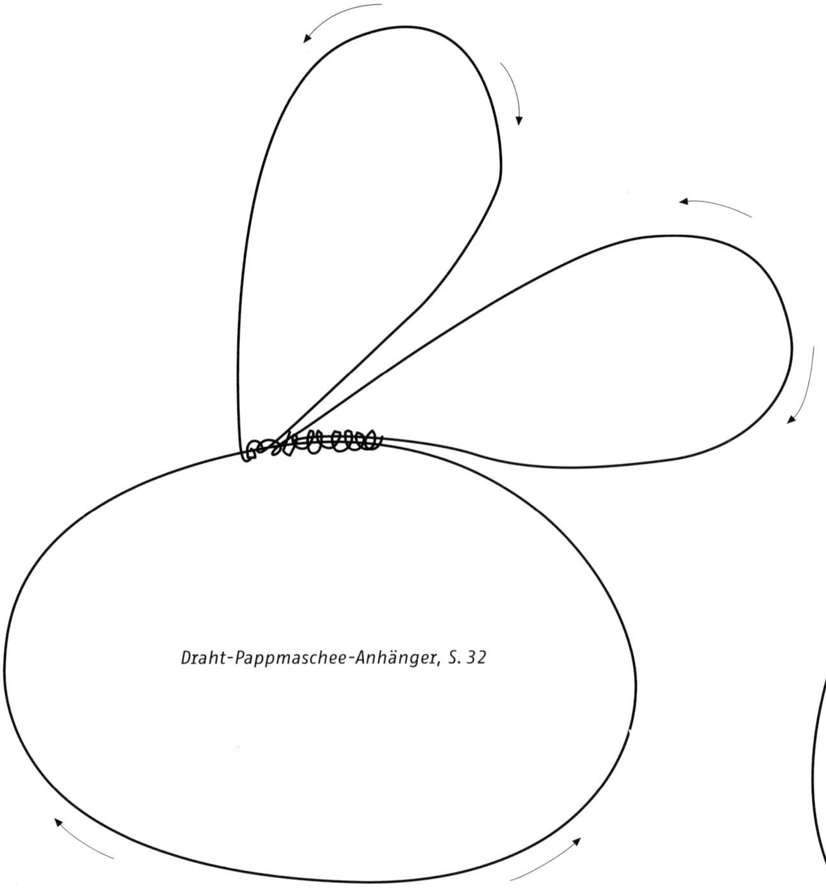

Draht-Pappmaschee-Anhänger, S. 32

Perlenanhänger, S. 35

Pinnwand, S. 50

Pinnwand, S. 50

Pinnwand, S. 50

Pinnwand, S. 50

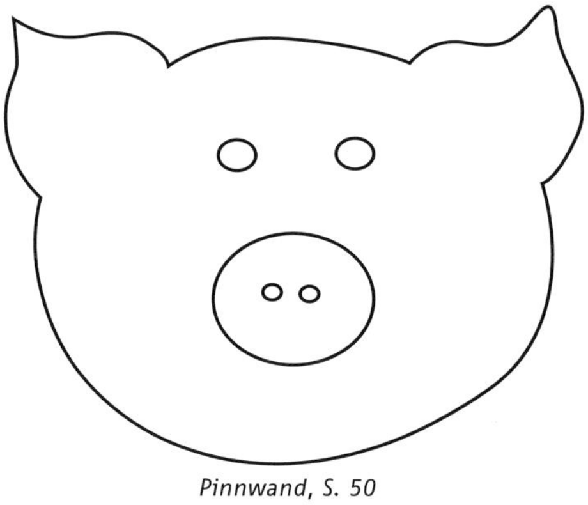

Pinnwand, S. 50

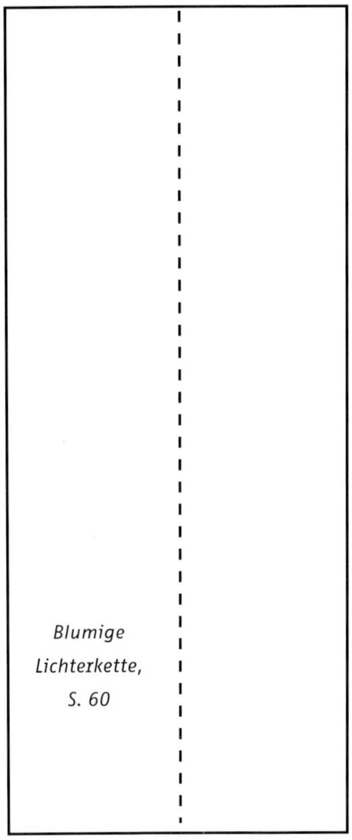

Blumige Lichterkette, S. 60

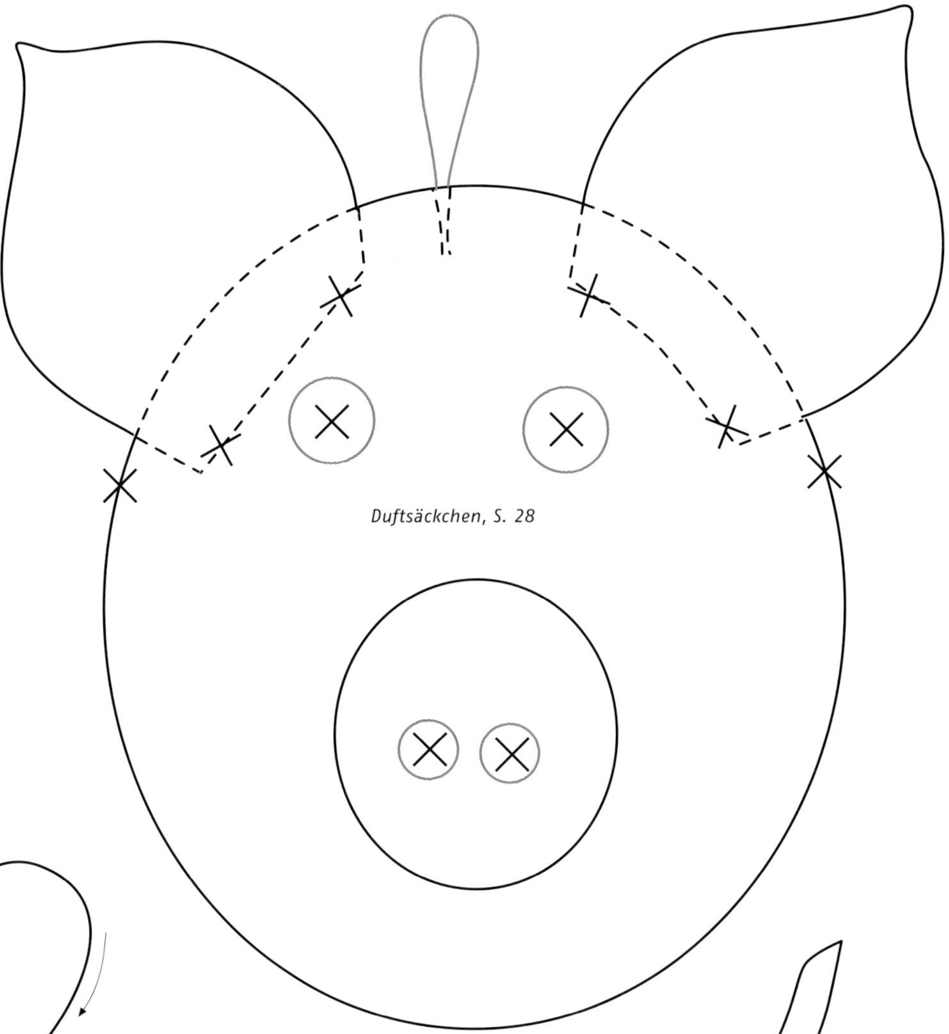

Duftsäckchen, S. 28

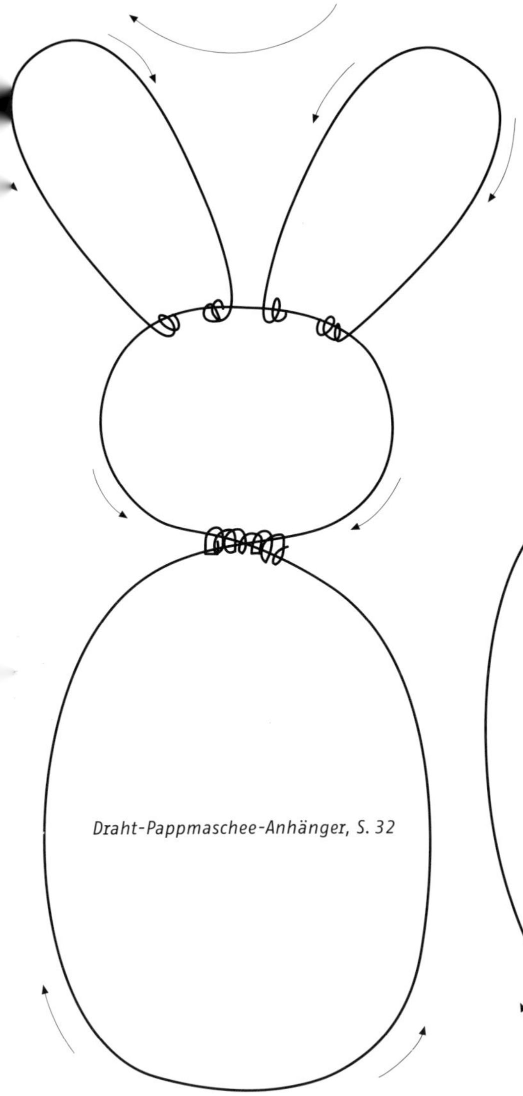

Draht-Pappmaschee-Anhänger, S. 32

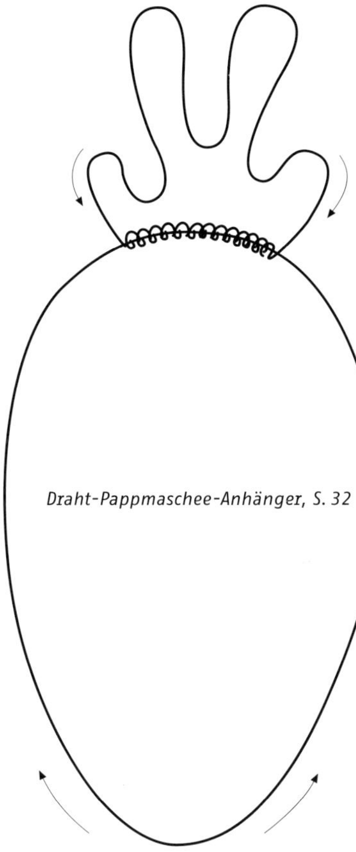

Draht-Pappmaschee-Anhänger, S. 32

Tischsets, S. 44

Bezugsquellen

Bastelbedarf:

Rayher Hobbykunst
Postfach 1462
88464 Laupheim

hobbygross Erler GmbH
Große Ahlmühle 10
76865 Rohrbach

Creative Hobbies GmbH
Bamberger Straße 21
96215 Lichtenfels

Glaskugeln:

Inges Christmas Decor GmbH
Dieselstraße 7
96465 Neustadt b. Coburg

Bibliografische Information Der Deutschen Bibliothek
Die Deutsche Bibliothek verzeichnet diese Publikation in der Deutschen Nationalbibliografie; detaillierte bibliografische Daten sind im Internet über http://dnb.ddb.de abrufbar.

ISBN 3-332-01429-3
www.dornier-verlage.de
www.urania-verlag.de
1. Auflage Februar 2003

Der Urania Verlag ist ein Unternehmen der Verlagsgruppe Dornier.

Umschlaggestaltung: P. Agentur für Markengestaltung, Hamburg
Fotos: Sabine Münch
Modelle: Sabine Uhl-Fischer
Lektorat: Berliner Buchwerkstatt, Ivana Jokl/Vera Olbricht
Layout: tiff.any GmbH, Berlin
Druck: Sachsendruck, Plauen
Printed in Germany
Gedruckt auf alterungsbeständigem Papier mit chlorfrei gebleichtem Zellstoff.

Die Schreibweise entspricht den Regeln der neuen Rechtschreibung.